AF305554

AVIS IMPORTANS,

ET NECESSAIRES

AUX PERSONNES,

qui lisent les Traductions Françoises

DES SAINTES

ECRITURES;

Et particulierement celle du Nouveau Testament, imprimée à Mons.

A LYON,

Chez PIERRE GUILLIMIN,

ruë Belle-Cordiere.

M. DC. LXXV.

Avec Approbations & Permission.

AVIS
IMPORTANS,
ET NECESSAIRES
AUX PERSONNES,
qui lisent les Traductions
Françoises
DES SAINTES
E'CRITURES.

PREMIER AVIS.

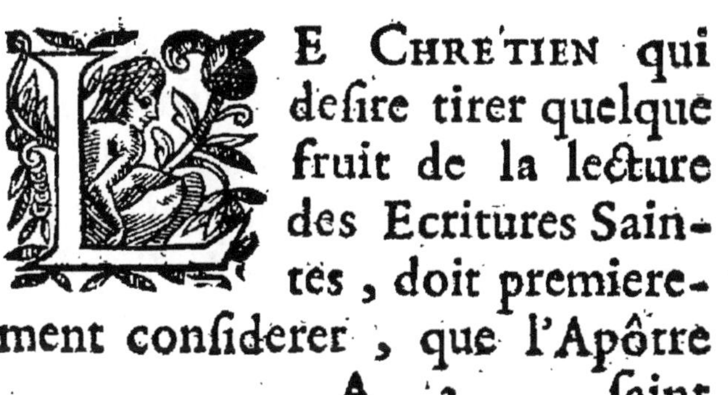

LE CHRE'TIEN qui desire tirer quelque fruit de la lecture des Ecritures Saintes, doit premierement considerer, que l'Apôtre

saint

2. *Pet.*
*cap.*1.

ſaint Pierre a dit, *que ce n'eſt point par la volonté des hommes, mais par l'inſpiration du ſaint Eſprit, que les Livres des Ecritures Saintes ont eſté compoſez.* C'eſt Dieu qui en eſt l'Auteur, & qui a voulu ſe ſervir de l'organe de ſes Prophetes & de ſes Apôtres, pour nous inſtruire des veritez neceſſaires à l'acquiſition du ſalut Eternel. En quoy il a fait paroître un effet ſingulier de ſa condeſcendance & de ſa bonté, ayant voulu employer un ſtyle qui paroît quelquefois fort ſimple, pour s'accommoder à la foibleſſe des Eſprits les plus mediocres, & leur faire connoître les plus grands myſteres que ſa divine Sageſſe avoit tenu cachez durant toute une eternité.

Saint Auguſtin conſiderant cette conduite de Dieu ſur nous, ne fait point de difficulté de di-

Lib. 2.
de doct.
Chriſt.

re, *qu'il ne ſçavoit lequel il devoit le plus admirer, ou la ſimplicité du ſtile qui ſe trouve dans quel-*
ques

ques livres des Ecritures saintes,
ou la sublimité des veritez qu'elles contiennent. Et parlant de luy-
même, lors qu'en sa jeunesse il
vaquoit aux études des Scien-
ces humaines, il dit, qu'étant
poussé par un esprit de curiosité,
il eut envie de s'appliquer à la lecture de l'Ecriture sainte, pour
voir ce que c'estoit ; & qu'il re-
connut qu'elle ne pouvoit estre pe-
netrée par les superbes, ny entenduë par les enfans : & que ce qui
paroissoit de premier abord bas &
simple, se trouvoit dans la suite
fort élevé, & tout voilé de mysteres.

    C'est pourquoy il confesse,
qu'alors il n'estoit point capable
d'entrer dans la connoissance de
ces grandes veritez, parce que son
esprit enflé d'orgüeil ne pouvoit
goûter la maniere de parler simple
& humble qui se trouvoit dans les
saints Livres. Mais dans un âge
plus meur, ayant fait un plus
heureux progrez dans l'Ecôle du

Lib. 3.
Confess.
c. 5.

A 3   saint

saint Esprit, il dit avec étonne-
ment, *O Seigneur, que la profon-*
deur de vos Ecritures est admi-
rable ! leur surface, comme pour
nous attirer à les lire, se presente
agreablement à nous, qui ne som-
mes que des Enfans, en ce qui re-
garde leur intelligence : mais leur
profondeur, ô mon Dieu, est mer-
veilleuse : Je ne sçaurois la confi-
derer qu'avec frayeur & tremble-
ment ; mais c'est une frayeur de
respect & un tremblement d'a-
mour.

Et dans une de ses lettres écri-
te à Volusien, il declare, *que la*
profondeur des Ecritures saintes
est si grande, que si depuis son
jeune âge il se fût appliqué à les
étudier avec tout le loisir & toute
l'attention possible, & qu'il eût
continué cette étude jusques à son
extreme vieillesse, il auroit trou-
vé tous les jours dequoy profiter;
parce que, comme il ajoûte, *il y*
a un si grand nombre de veritez
tres-dignes d'estre connuës dans

les

les saints Livres, qui d'ailleurs font couvertes & comme envelopées en tant de façons dans les ombres des mysteres, & il se trouve une sagesse si haute & si sublime, cachée non seulement dans les paroles, mais aussi dans les choses mêmes qui y sont deduites, qu'aprés une étude & une recherche pendant un grand nombre d'années, il arriveroit aux Esprits les plus subtils & les plus desireux d'apprendre, ce qui se lit en quelque endroit de la même Ecriture, que l'homme se trouveroit estre encor au commencement, lorsqu'il penseroit avoir tout achevé.

Mais ce n'est pas le seul saint Augustin, qui a témoigné l'estime & la veneration qu'il avoit pour les Ecritures saintes, toute l'Eglise a toûjours esté dans le même sentiment, & a invité tous les fidelles d'y entrer.

C'est pour cette raison, que dans les plus anciens Conciles Oecumeniques on avoit coûtu-

A 4

me

me d'élever un thrône au lieu le
plus eminent , & de mettre sur ce
thrône les livres des saintes Ecritures, pour faire connoître le respect singulier que ces saintes As-
semblées vouloient rendre à ce
sacré Depost , qu'elles conside-
roient comme l'oracle de la verité , qu'il falloit consulter dans les
difficultez qui se presentoient sur
les poincts de la Foy.

Saint Chrysostome rapporte
sur ce même sujet , que de son
temps les Chrétiens avoient l'E-
criture sainte en telle veneration,
qu'ils n'osoient manier ny tou-
cher les Livres qui la contenoiét,
qu'auparavant ils n'eussent lavé
leurs mains. Et de nôtre temps
le grand Archevéque de Milan
saint Charles Borromée ne lisóit
jamais l'Ecriture sainte que les
genoux en terre , & la tête nuë :
En quoy il a esté & est encore
imité de plusieurs personnes de
vertu.

Celuy donc qui desire s'appliquer

*Homil.
52. in
Ioan.*

quer à cette lecture, pour en tirer quelque fruit, doit à l'imitation de ces grands Saints, concevoir une tres-haute estime des saintes Ecritures, les considerer comme autorisées de Dieu même, & dans cette veuë les avoir en singuliere veneration, & ne les lire qu'avec un tres-grand sentiment de respect.

SECOND AVIS.

LEs veritez que l'Ecriture contient sont non seulement tres-hautes & tres-sublimes, mais aussi tres-difficiles à entendre en quelques endroits; de sorte que l'Esprit humain quelque force & capacité qu'il ait, n'est point capable de penetrer dans cette intelligence, s'il n'est éclairé d'une lumiere superieure.

Saint Philippe s'estant approché de l'Eunuque dont il est

parlé dans les Actes des Apôtres,
qui s'occupoit à la lecture du Pro-
phete Isaïe, luy demanda, *s'il
entendoit bien ce qu'il lisoit :* A
quoy l'Eunuque répondit avec
beaucoup de raison, *comment le
pourray-je entendre, si quelqu'un
ne me l'explique ?* Ceux qui s'ap-
pliquent à lire les saints Livres,
doivent entrer dans les mêmes
sentimens, & reconnoître qu'ils
ne sont point capables par eux-
mêmes d'entendre ce qu'ils lisent;
parce que, comme saint Ambroise a fort bien dit , *l'E'criture
sainte est une mer fort profonde,
qui contient des veritez , & des
mysteres que l'esprit humain n'est
point capable de sonder par ses
seules forces.*

C'est pourquoy saint Augustin dit , *que ceux qui s'appli-
quent temerairement à cette lecture s'exposent au d'anger d'estre
trompez , dans l'intelligence de
ce qu'ils lisent , à cause des obscuritez*

Act. c. 8.

Epist. ad
Const.
Ep.

Lib. 2. de
doct.
Christ.
c. 6.

ritez & difficultez qui s'y ren-
contrent. Il avertit en un autre
lieu, que les veritez contenuës
dans les saintes Ecritures, n'é-
tant pas bien entenduës, lors que
ceux qui les lisent n'apportent pas
l'humilité & la diligence qu'ils
doivent pour en rechercher le vray
sens, cela est cause qu'ils ne rem-
portent de cette lecture que la per-
te de leur salut, & qu'au lieu
d'estre éclairez de la verité, ils
tombent dans les tenebres de l'erreur.

Pour éviter donc un si grand
mal, il faut que ceux qui desirent
profiter de la lecture des saints
Livres, reconnoissent leur insuf-
fisance, qu'ils y apportent un esprit d'humilité & de docilité, &
qu'ils soient toûjours disposez
d'écouter l'Eglise, pour apprendre d'elle, le vray sens des saintes Ecritures, parce que comme
le saint Concile de Trente l'a declaré, c'est à l'Eglise qu'il appar- sess. 3.
tient

tient de juger du vray sens & de
la vraye intelligence des Ecritures, & comme elle est *la colom-
ne & le soûtien de la verité*, son
jugement est infaillible, & ceux
qui l'écouteront ne seront jamais
trompez.

TROISIE'ME AVIS.

OUtre l'estime qu'on doit faire des Ecritures saintes, &
l'humilité avec laquelle il les faut
lire, il y a encore une troisiéme
disposition necessaire pour en tirer quelque fruit, qui est d'y apporter une grande pureté de
cœur. Car le saint Esprit decla-
Sap. c.1. *re, que la Sagesse divine qui se
communique par la lecture des
saints Livres, ne se plaît pas dans
une ame qui est soüillée par les vi-
ces.* Et S. Gregoire de Nazianze
Orat.33. nous avertit, *qu'il y auroit même
du peril pour celuy qui estant dans
quelque impureté presumeroit dans*

ce

ce mauvais état, de s'appliquer à la recherche & à l'intelligence d'une chose si pure & si sainte, comme est la verité Divine contenuë dans les saints Livres.

Il faut encor apporter à cette lecture une pureté d'intention, & ne la pas faire par une simple curiosité, ou pour y trouver quelque satisfaction, mais s'y appliquer avec un esprit droit, & un desir sincere d'en tirer quelque instruction & quelque lumiere pour se rendre capable de servir & de glorifier Dieu.

C'est JESUS-CHRIST qui nous a declaré dans l'Evangile, *Matth.* que cette intention est l'œil de *c. 6.* l'ame, & que si cet œil vient à se troubler & à s'obscurcir, toute l'ame estant en tenebres, ne sera pas capable de connoître la verité.

Il faut enfin se tenir à la maxime du saint Apôtre, qui nous *Rom. 12.* avertit de ne desirer pas sçavoir davantage que ce qui nous est

permis

permis de sçavoir, mais de garder une sainte sobrieté dans ce desir : C'est à dire, qu'en lisant les Ecritures saintes, il ne faut pas vouloir penetrer dans la connoissance des veritez & des mysteres plus avant qu'il n'est utile pour le vray bien de nôtre ame : & selon la pensée de saint Hilaire, *il faut entendre les choses divines autant que Dieu veut que nous les entendions, & non point davantage.* Car il y a plusieurs veritez dont Dieu nous reserve la claire connoissance dans le Ciel , & qu'il ne nous permet pendant cette vie, de voir qu'en Enigme & parmy les obscuritez de la Foy.

Lib. 10.
de Trinit.

QUATRIE'ME AVIS.

APrés avoir observé les precedents avis , il reste à faire un bon choix des Livres à la lecture desquels on veut s'appliquer

quer & prendre garde qu'ils contiennent la vraye Ecriture fainte, pure & exempte de toute alteration & falſification ; & pour
donner quelque éclairciſſement
ſur ce ſujet, il ne ſera pas inutile de ſçavoir que tous les Livres
de l'Ancien Teſtament ont eſté
premierement compoſez en langue Hebraique, à l'exeption de
quelques Livres particuliers, comme ceux qui, ſelon le ſentiment
de pluſieurs, ont eſté premierement mis en langue Chaldaique,
& dépuis traduits en Hebreu.

Pour ce qui eſt des Livres du
Nouveau Teſtament, ils ont tous
eſté compoſez en Grec, excepté
l'Evangile de ſaint Mathieu, &
l'Epiſtre de S. Paul au Hebreux,
premierement écrits en Hebreu:&
dont neanmoins on a preſque auſſi tôt vû la traduction en Grec,
que l'original Hebreu.

Or comme dans toutes les Na-
tions du monde, qui furent éclai-
rées de la lumiere de la Foy par
la

la predication des Apôtres, il se
trouvoit fort peu de personnes
qui entendissent l'Hebreu, cela
donna premierement lieu aux diverses traductions qui ont esté
faites des Livres de l'ancien Testament en Grec, entre lesquelles
celle des Septante Interpretes a
toûjours esté preferée à toutes
les autres.

Et comme dans la plûpart des
Provinces de l'Occident, la langue Grecque estoit entenduë de
peu de personnes ; pour suppleer
à ce défaut, & rendre la connoissance des saintes Ecritures plus
universelle ; tous les Livres tant
de l'ancien que du nouveau Testament furent traduits en Latin
par divers Autheurs, & ces diverses Traductions se multiplie-
rent de telle sorte que saint Augustin disoit, qu'en son temps on
n'en pouvoit compter le nombre,
& saint Jerôme assure qu'il y
avoit presque autant de differen-
tes traductions, que de livres.

Lib. 2.
de doct.
Christ.
c. 12. pre-
fat. in
lib. Iosué.

                        Entre

Entre ces traductions Latines toutesfois, il y en a une appellée communement *Ancienne & Vulgate*, que l'on croit avoir esté faite dés le premier siecle de l'Eglise, & du temps même des Apôtres, ou du moins de leurs premiers Disciples pour servir de regle à toutes les Provinces d'Occident; & cette traduction a toûjours esté plus universellement receuë & preferée à toutes les autres, comme plus exacte & plus sincere, ainsi que nous l'apprenons de saint Augustin.

Cette même traduction Latine, aprés avoir esté approuvée dans l'Eglise par le long usage de plusieurs Siecles, a esté enfin declarée authentique par le Concile de Trente; c'est à dire, que l'Eglise Catholique representée par ce Concile, a declaré, que cette traduction *Ancienne & Vulgate* estoit conforme au premier original des Ecritures saintes, & comme telle l'a approuvée par

son

Gregor. Praf. in lib. Moral. c. 5. Hiero. in c. 14. & 49. Isa. August. lib. 2. de doct. Christ. c. 15.

son autorité, en sorte que lisant cette traduction, on est assuré qu'on lit la vraye parole de Dieu.

Or d'autant que parmy les Chrêtiens, il s'en trouve un grand nombre de l'un & de l'autre sexe qui n'ont pas connoissance de la langue Latine, & qui neanmoins desirent avoir la consolation de lire les saintes Ecritures & de nourrir leurs ames de la parole de Dieu, qui est leur plus salutaire aliment, comme nôtre Seigneur l'a declaré ; on a traduit pour ce sujet, les Ecritures saintes en langage vulgaire, & dans ce Royaume plusieurs se sont appliquez à faire des traductions Françoises des livres de l'ancien & du nouveau Testament.

Mais la difficulté principale est de faire choix d'une traduction Françoise qui soit telle, qu'en la lisant on ait assurance qu'on lit la vraye parole de Dieu : Car il est perilleux d'estre trompé en ce poinct ;

poinct, & la moindre falsification,
ou alteration de la verité, qui
doit estre l'objet de nôtre Foy,
ne peut produire que des effets
fort nuisibles au bien de nos
Ames.

CINQUIE'ME AVIS.

IL est évident, que depuis les
premieres traductions Françoises de l'Ecriture sainte, nôtre langue a beaucoup changé, & qu'elle a esté renduë plus elegante &
plus accomplie, par l'industrie de
ceux qui se sont appliquez à la
polir & perfectionner. C'est aussi
ce qui a invité divers Auteurs
Modernes de travailler à de nou-
velles traductions des livres de la
Bible, & particulierement de ceux
du nouveau Testament.

Or entre ces traductions plus
recentes, celle qui a esté imprimée depuis quelques années à
Mons en Hainaut a eu grand
cours,

cours, & s'est répanduë presque
par toute la France : La beauté
du stile, le travail que les Auteurs, qui ne se nomment point,
témoignent dans la Preface avoir
employé pour faire cette traduction, & les soins qu'on a pris
d'en distribuër gratuitement un
grand nombre d'exemplaires, luy
ont procuré de tous côtez un ac-
cüeil favorable. Quelques personnes sçavantes neanmoins
l'ayant leuë avec attention y ont
remarqué plusieurs défauts con-
siderables, ce qui a donné sujet
de douter qu'elle eût esté faite
avec toute la fidelité requise.

Nous ne pretendons pas icy
faire aucun jugement des Auteurs de cette traduction, ils
ont pû estre portez à entreprendre ce travail par quelque bon
motif : c'est à Dieu de juger de
leurs intentions, & c'est de luy
qu'ils en doivent attendre la recompense si elles ont esté telles
qu'elles doivent estre: car le me-
rite

rite d'un Auteur ne se prend pas du succez de son ouvrage, mais du dessein qui le luy a fait entreprendre, & des dispositions avec lesquelles on s'y est employé. Il est certain, que les traductions des livres de l'Ecriture sainte sont accompagnées de grandes difficultez, & que les plus habiles n'y ont pas toûjours reüssi, & & même qu'il est quelquesfois arrivé qu'ils se sont trompez sans avoir aucune intention de tromper les autres.

Laissant donc au jugement de Dieu ce qui regarde les Auteurs de cette traduction, il est question de voir sans aucune preoccupation d'esprit, si elle est telle qu'en la lisant on puisse estre assuré qu'on lit la vraye parole de Dieu. Toutes les personnes Catholiques qui desirent s'appliquer à cette lecture, ont un notable interest de se bien éclaircir sur ce poinct ; & pour cela, il faut deposer toute affection particuliere

liere , & tout interest propre , &
n'avoir autre dessein que de rechercher & connoître la verité.

Pour avoir une certitude entiere que cette traduction du nouveau Testament imprimé à Mons
ait esté faite avec fidelité, il fau-
droit la collationner avec le premier original Grec , qui a esté
écrit par les Apôtres & par les
Evangelistes , & voir si elle s'y
trouve conforme. Mais il est difficile de sçavoir si ce premier original Grec est parvenu jusques à
nous, tel qu'il est sorty de la main
de ces Ecrivains sacrez : car plusieurs Docteurs Catholiques esti-
ment que le nouveau Testament
Grec , tel que nous l'avons pre-
sentement, a esté corrompu , ou
alteré en divers lieux , soit par la
negligence des Copistes, ou par la
malice des Heretiques. Il est vray
qu'il y a aussi d'autres Docteurs
qui soûtiennent le contraire. Nous
ne pretendons pas icy definir cette controverse : il suffit que nous
                              represen

Vide Melchi. Can. in locis thest.lib. 2.ca.13. Sixtum Senens. l. 8. Biblioth. sancta in refutat. haresis 13.

repreſentions au Lecteur, que les Docteurs ſe trouvant partagez en leurs opinions ſur ce ſujet , & l'Egliſe n'ayant rien determiné, il ſeroit inutile d'examiner , ſi la Verſion de Mons eſt conforme au nouveau Teſtament Grec, tel que nous l'avons , puiſque l'on n'eſt pas aſſuré que ce Grec ſoit entierement conforme au premier original.

Il reſte donc la Verſion Latine, ancienne & Vulgate, que l'Egliſe dans le dernier Concile general a declaré authentique, c'eſt à dire , conforme au premier original que les Apôtres & Evangeliſtes ont écrit; car ſelon l'uſage receu dans la police civile & dans le commerce ordinaire des hommes , on appelle une coppie authentique lors qu'elle a eſté collationnée à ſon original par une authorité publique , qui certifie & declaré qu'elle y eſt entierement conforme. C'eſt pourquoy pour ſçavoir avec certitude ſi la
tradu

Thom. Staplet. lib. de princip. doctri- nalibus fidei con- trou. 6. lib. 11. c. 12.

traduction de Mons est fidelle, &
si en la lisant on peut être assuré
qu'on lit la vraye parole de Dieu,
il ne faut que la collationner
avec cette Version Latine & vulgate, qui a esté approuvée de l'E-
glise, & voir si elle luy est entierement conforme.

C'est aussi ce qui ayant esté
fait non seulement par le soin de
quelques Docteurs particuliers,
mais aussi par l'autorité de plusieurs Evéques, il s'est trouvé
qu'elle n'y estoit pas conforme,
& que les Traducteurs se sont
donnez la liberté d'y changer diverses choses, d'en ajoûter ou retrancher d'autres sous divers pre-
téxtes, soit de se conformer au
Grec, ou bien d'exprimer plus
clairement, & avec plus de force,
comme ils disent, le sens des paroles, & autres semblables, qui
ne sont point suffisans pour excu-
ser ces changements, ces additions, & ces retranchemens dans
la parole de Dieu, ce qui a donné

un

un juste sujet à ces Prelats d'en
interdire la lecture dans leurs
Dioceses, parce qu'ils ont jugé,
que cela ne pouvoit produire que
de pernicieux effets dans l'esprit
de ceux qui s'appliqueroient à
cette lecture.

Or afin que le Lecteur Catholique connoisse non seulement la
justice du procedé de ces Prelats,
mais aussi le danger où il s'expo-
seroit en se donnant la liberté de
lire cette Traduction de Mons,
entre un grand nombre de passages qui se trouvent n'avoir pas
esté traduits avec la fidelité requise, nous luy en representerons icy
quelques-uns des principaux, &
nous luy découvrirons aussi les
consequences dangereuses de ce
manquement de fidelité. Et comme les Traducteurs ont commis
deux notables défauts, l'un d'a-
voir quitté la Vulgate en plusieurs
endroits pour suivre le Grec, l'autre d'avoir abandonné la Vulgate & le Grec pour suivre leurs sen-

B　　　　timens

timens particuliers, nous luy ferons voir quelques exemples des uns & des autres. Et premierement nous luy proposerons quelques passages où ils ont substitué le Grec pour la Vulgate ; & puis nous en produirons plusieurs autres, où ils n'ont fait aucun scrupule de quitter la Vulgate & le Grec, laissant toûjours à Dieu de juger des motifs qui les ont portez à faire de telles alterations dans sa parole. Et pour une plus grande satisfaction du Lecteur, nous mettrons premierement le texte Latin de la Vulgate approuvée de l'Eglise, & ensuite une traduction fidelle de ce texte, & puis nous rapporterons la Traduction imprimée à Mons, afin que ceux qui n'entendent pas la langue Latine, connoissent la difference de l'une & de l'autre, & les additions, omissions, & autres changemens notables qui se trouvent en cette nouvelle Traduction.

RECUEIL

RECUEIL

DE

PLUSIEURS PASSAGES

DES LIVRES

DU NOUVEAU

TESTAMENT,

DE LA TRADUCTION

imprimée à Mons;

OÙ IL SE TROUVE des additions, des omissions, & autres changemens notables au Texte sacré de l'Ecriture.

I.

Omnis qui irascitur fratri suo, reus erit judicio. *Matth.* 5.

Quiconque se mettra en colere contre son frere, meritera d'estre condamné.

B 2 . Tra

TRADUCTION DE MONS.

*Quiconque se mettra en colere
(sans sujet) contre son frere,
meritera d'être condamné.*

D A N S la Version de ce
passage de l'Evangile,
on a ajoûté ces deux
mots, (sans sujet) qui ne sont
pas dans l'Edition Latine, sous
pretexte qu'ils se trouvent dans
le Grec, mais les Traducteurs
n'ont pas pris garde aux consequences dangereuses qui s'en pou-
voient tirer.

22. qu.
46.

Saint Thomas parlant de la
colere, dit que c'est un desir de
vengeance; & que se mettre en
colere contre quelqu'un, c'est
concevoir un desir de se vanger
de luy, pour quelque tort ou in-
jure qu'on pretend en avoir receu.

Or c'est ce desir de vangeance
que le Fils de Dieu a voulu ab-
solument retrancher & défendre

par

par ces paroles, parce que ce defir eſt contraire à la Loy de Charité qu'il eſtoit venu établir, qui
non ſeulement défend de ſe vanger, mais même oblige d'aimer
ſes ennemis, & de rendre le bien
pour le mal.

Les Traducteurs de Mons toutefois ont voulu en quelque façon détruire ce que nôtre Seigneur avoit edifié, donnant toute liberté de ſe mettre en colere,
par l'addition qu'ils ont faite au
texte de l'Evangile, car qui eſt
celuy qui ne ſe flattera point de
cette perſuaſion, *d'avoir ſujet*, de
ſe mettre en colere, contre celuy
qui l'aura offencé ?

Ajoûtez à cela, que ſaint Je- *in cap. 5.*
rôme expliquant ce paſſage aprés *Matth.*
avoir dit, que ces deux mots ſe
trouvoient en quelques exemplaires, il declare enſuite, qu'on
ne les liſoit point dans les autres
qui eſtoient plus authentiques, &
partant qu'il falloit tenir comme
une verité certaine, que la Colere

& le defir de vengeance eſtoit ab-
ſolument défendu.

II.

**Delens quod adverſus nos
erat chirographum de-
creti quod erat contra-
rium nobis.** *Coloſſ. 2.*

Il a effacé l'obligation qui nous
étoit contraire, & qui con-
tenoit le decret de nôtre condamnation.

Traduction de Mons.

Il a effacé (par ſa doctrine) la
cedule qui nous eſtoit contraire:
il l'a entierement abolie.

Dans cette verſion on a ajoûté ces mots (*par ſa doctrine*)
qui ne ſont point dans la Vulgate, & on a ôté (*le decret*) que
l'on y trouve.

On auroit ſujet de demander
aux

aux Traducteurs pour quelle raiſon ils ont fait un tel changement ? qui eſt - ce qui peut nier que le Sang de JESUS-CHRIST répandu pour nous ſur la Croix, ne ſoit la ſource & le principe de toutes les graces que nous avons receuës, & que ce divin Redempteur ayant ſatisfait pour nous à la Juſtice de Dieu ſon Pere, il a effacé par ſon Sang cette obligation qui nous eſtoit contraire, & ce decret de nôtre condamnation. Pourquoy donc ajoûter que c'eſt *par ſa doctrine ?* ſeroit - ce pour donner ſujet de croire que nous ſommes juſtifiez par la ſeule Foy en recevant & croyant cette doctrine?

III.

Sicut in Adam omnes moriuntur, ita & in Chriſto omnes vivificabuntur : unuſquiſque in ordine

 ſuo;

suo ; primitiæ , Christus,
deinde ij qui sunt Christi,
qui in adventu ejus cre-
diderunt. 1. *Cor.* 15.

*Comme tous meurent en Adam,
tous revivront aussi en* JESUS-
CHRIST, *& chacun en
son rang;* JESUS-CHRIST
*comme les premices , puis
ceux qui sont à luy, qui ont
crû en son avenement.*

TRADUCTION DE MONS.

*Comme tous meurent en Adam,
tous revivront aussi en* JESUS-
CHRIST, *& chacun en son rang;*
JESUS-CHRIST *le premier, comme les premices de tous, & puis
ceux qui sont à luy ressusciteront
à son avenement.*

LA Traduction de Mons re-
tranche ces mots (*& qui ont
crû en son avenement*) parce qu'ils
ne se lisent pas dans le Grec.
Mais

Mais à quel dessein ces Traducteurs ont-ils fait ce retranche-
ment ? ils diront peut - estre, que
ces paroles sont superfluës ; qu'elles sont assez entenduës dans les
precedentes, puisqu'il n'y en a
point d'autres qui soient à Jesus-
Christ, que ceux qui ont crû
en son avenement. Que si cela est
permis, il n'y aura plus rié de certain dans l'Ecriture, chacun pourra retrancher ce que bon luy sem-
blera, sous pretexte qu'il est su-
perflu, & l'on pourra effacer
dans les Pseaumes la seconde partie de la plûpart des Versets qui
semblent le plus souvent n'estre
qu'une repetition de la premiere.

Cela toutefois est bien oppo-
sé aux sentimens des saints Peres; *In Epist.*
puisque saint Jerôme ne fait point *ad Ephe.*
de difficulté de dire, que non
seulement les sentences & les paroles, mais même les lettres &
les poincts de l'Ecriture sont *Hom. 10.*
remplis de mysteres ; & saint Ba- *in Exam.*
sile passe encor plus avant, &

B 5   declare-

declare, que l'on ne sçauroit dire
sans blaspheme, qu'il se trouve
dans l'Ecriture une seule parole
inutile & superfluë.

I V.

Qui cum malediceretur, non
maledicebat ; cum patere-
tur, non comminabatur ;
tradebat autem judicanti
se injustè. *1. Pet.2.*

Lors qu'on chargeoit J E S U S-
C H R I S T *d'injures, il ne
répondoit point par des injures ; quand on le mal-trai-
toit, il ne faisoit point de
menaces ; mais il s'abandon-
noit à celuy qui le jugeoit injustement.*

T R A D U C T I O N D E M O N S.

*Quand on l'a chargé d'injures, il
n'a point répondu par des injures.*

res; quand on l'a mal-traité il n'a point fait de menaces; mais il a remis sa cause entre les mains de celuy qui juge selon sa justice.

VOilà une opposition bien grande entre les paroles du Texte sacré & la Traduction de Mons, car il y à bien de la difference, entre *se livrer* à *iceluy qui le jugeoit injustement*, & *remettre sa cause entre les mains de celuy qui juge selon sa justice*.

Pour justifier ce change-ment si notable sous pretexte du Grec, qui est contraire à la Vul-gate, les Traducteurs de Mons diront peut-estre, que bien qu'on reconnoisse par des termes de la Vulgate, l'excés d'humilité, de patience & de charité que Jesus-Christ a fait paroître, lors qu'il s'est livré luy-même entre les mains d'un tres-méchant Ju-ge qui n'eût eu aucun pouvoir sur luy s'il n'y eût consenty; que neanmoins on peut aussi donner

ner un bons sens à leur Traduction.

Mais il n'est pas question du sens & de l'explication qu'on peut donner à leurs paroles: Il s'agit seulement de sçavoir, si leur Traduction est fidelle & sincere; car pourquoy changer ce qui se lit dans la Vulgate, qui a un sens si ortodoxe & si propre pour exciter à la connoissance de la charité excessive de Jesus-Christ? qui est-ce qui ne voit en cela une affectation de dire quelque chose d'extraordinaire, & de vouloir tacitement faire connoître que l'Eglise n'a pas eu assez de lumiere ny de discernement lors qu'elle a approuvé la Vulgate, & qu'elle l'a declarée authentique?

V.

Pater meus quod dedit mihi,
majus est omnibus & ne-
mo potest rapere de manu
patris mei. Ego & pater
unum sumus. *Ioan*. 10. 29.

*Ce que mon Pere m'a donné, est
plus grand que toutes choses,
& personne ne peut ravir ce
qui est en la main de mon
Pere. Mon Pere & moy, nous
sommes une même chose.*

TRADUCTION DE MONS.

*Mon Pere qui me les a donnez est
plus grand que toutes choses, &
personne ne les peut ravir de la
main de mon Pere. Mon Pere &
moy nous sommes une même chose.*

SAint Hilaire, S. Ambroise, &
les autres saints Peres, qui ont
écrit

écrit contre les Arriens, ont ordinairement employé ce paſſage
contre ces Heretiques pour prouver la divinité de Jesus-Christ;
lequel parlant comme homme
de l'union hypoſtatique de la Divinité avec ſon Humanité, diſoit
que la grace de cette union qui
luy avoit eſté donnée par ſon Pere
celeſte, eſtoit ſans comparaiſon
quelque choſe de plus grand que
tout ce qui ſe peut trouver d'ex-
cellent dans les choſes creées.

Les Traducteurs de Mons toutesfois ont pretendu corriger les
ſentimens de ces Peres en quit-
tant la Vulgate, & ſuivant le
Grec. En quoy non ſeulement
ils ont voulu ôter des mains des
Docteurs Catholiques une des
plus fortes armes dont ils ont
combattu l'Arrianiſme, mais outre cela ils ont entrepris de corriger ce que l'Egliſe avoit approuvé; car lors qu'elle a declaré la Vulgate authentique, elle
n'ignoroit pas ce qui eſtoit dans
le

le Grec, & toutesfois elle a jugé
que la Vulgate estoit conforme à
l'original, & que le Grec ne l'é-
toit pas dans ce passage.

V I.

Dixit pater ad servos suos,
citò proferte stolam pri-
mam, & induite illum.
Luc. 15. ℣. 22.

Le pere dit à ses serviteurs, ap-
portez promptement sa pre-
miere robbe, & l'en revétez.

TRADUCTION DE MONS.

Le pere dit à ses serviteurs, ap-
portez sa premiere robbe & l'en
revêtez.

DANS cette Traduction, on a
obmis à dessein le mot, *promptement*, qui ne se lit pas
dans le Grec.

Les

Les saints Peres conviennent
que nôtre Seigneur J E S U S-
C H R I S T a voulu nous faire entendre par la parabole du prodi-
gue, la conduite de la bonté de
Dieu à l'égard du pecheur peni-
tent : & par cette parole que les
Traducteurs de Mons ont effacée,
il a declaré un effet admirable de
sa misericorde, qui est qu'aussi-
tôt que le pecheur se convertit à
Dieu par un vray regret de luy
avoir dépleu & de l'avoir offen-
sé, en ce même moment & sans
aucun retardement, quelques
enormes que soient les pechez
qu'il a commis, ils luy sont par-
donnez, Dieu le reçoit en sa grace, & son ame est revétuë de la
robbe de Justice ; c'est ce qui don-
noit à ce gentilhomme, dont
Lib. 8. S. Augustin parle dans ses Con-
c. 6. fessions, la confiance de dire, *si
je veux, je puis dés maintenant
estre fait amy de Dieu.*

Mais les Traducteurs de Mons
n'ont pas assez consideré, peut-
estre,

estre, les consequences de ce re-
tranchement qu'ils ont fait, qui
donneroit sujet de croire qu'ils
ont peine de se persuader que
Dieu soit si misericordieux, &
qu'il n'oblige pas les pecheurs
de demeurer un temps notable en
penitence auparavant que de les
recevoir en sa grace.

VII.

Pater tuus qui videt in
abscondito, reddet tibi,
Matth. 6. ℣. 4.

*Vôtre pere qui voit ce qui se
passe en secret, vous le rendra.*

TRADUCTION DE MONS.

*Vôtre pere qui voit ce qui se passe
dans le secret vous rendra la
recompense (devant tout le
monde.)*

Cette Traduction ajoûte ces
dernieres paroles (*devant tout
le*

le monde) qui sont dans le Grec,
& qui ne se lisent point dans la
Vulgate.

Les Traducteurs de Mons n'ont
pas consideré que les Heretiques
de ce temps ont fait la même
addition pour établir leur erreur touchant le delay de la recompense des Saints jusques au
jour du Jugement : car ils se per-
suadent qu'il n'y a point encore
de Paradis, ny d'Enfer, que les
Saints ne jouïssent point encor
de la gloire du Ciel, que les re-
prouvez ne souffrent point encore la peine du feu d'Enfer, &
que tout cela est reservé au dernier jour, auquel à la veuë de
tout le monde Dieu recompen-
sera les uns, & punira les autres.

Deus

VIII.

Deus Angelis peccantibus non pepercit, sed rudentibus inferni detractos, in tartarum tradidit cruciandos. *2. Petr. 2. ѵ. 4.*

Dieu n'a point épargné les Anges qui ont peché, mais les ayans liez des chaînes de l'Enfer, il les a precipitez dans l'abysme pour y estre tourmentez.

TRADVCTION DE MONS.

Dieu n'a pas épargné les Anges qui ont peché, mais les a precipitez dans l'abysme, où les tenebres sont leurs chaînes, pour estre tourmentez.

IL y a bien de la difference entre *les chaînes de l'Enfer,* dont
les

les Demons font liés , comme il
eſt exprimé dans la Vulgate , *&*
ces tenebres que la traduction de
Mons leur fait ſervir *de chaînes*,
ſous pretexte d'un mot qui ſe trouve dans le Grec : ce qui pourroit
donner ſujet de croire que les Demons ne ſouffriroient autre peine maintenant, ſinon d'eſtre cón-
finez dans les tenebres ; ce qui
ſeroit une erreur , parce que la
Foy nous oblige de croire que
les Demons auſſi bien que les
hommes damnez ne ſont pas ſeulement privez de lumiere & en-
fermez dans les tenebres , mais
que dés à preſent ils ſont tourmentez par le feu d'enfer. Et bien
que Dieu permette aux Demons
de ſortir de ce lieu pour venir
tenter les hommes deſſus la terre, ils reſſentent neanmoins toûjours leurs peines , & comme des
forçats de la Juſtice divine , ils
portent en tous lieux cette chaî-
ne de feu qui les captive & qui
les tourmente.

Il

Il y a un tres-grand nombre
d'autres passages semblables, où
la traduction de Mons quitte la
Vulgate pour se conformer au
Grec, & bien qu'on veüille se
persuader que les Traducteurs ne
l'ont pas fait par aucun mauvais
dessein, mais seulement, parce
qu'il leur a semblé meilleur d'en
user de la sorte; cela n'empéche
pas toutesfois qu'on ne puisse dire avec raison que ceux qui liront leur Version, ne sont point
assurez qu'ils lisent la vraye parole de Dieu; puisque nous n'a-
vons pas une entiere certitude
que le Grec, tel qu'il se lit aujour-
d'huy, n'ait esté corrompu ou alteré en quelques endroits, les
Docteurs se trouvant partagez
en leurs opinions sur ce sujet, &
l'Eglise n'ayant rien prononcé,
ny definy. Comme au contraire,
on peut donner toute assurance
à ceux qui liront une Version entierement conforme à la Vulgate, qu'ils lisent la vraye parole de
Dieu,

Dieu, puisque cette Vulgate a
esté par l'autorité de l'Eglise declarée authentique & entierement
conforme au vray original.

Mais les Traducteurs de Mons,
ont encor passé plus avant, parce qu'ils se sont écartez en plusieurs endroits aussi bien du Grec,
comme de la Vulgate. Nous en
remarquerons seulement icy quelques-uns de ceux, où il semble
que ce défaut de fidelité pourroit
servir de pierre d'achoppement
aux esprits moins éclairez, & les
induire en quelque erreur ; ce qui
peut estre arrivé par une pure
surprise, & comme il a esté dit,
sans aucun mauvais dessein de la
part des Traducteurs, avec les-
quels nous ne pretendons pas entrer en contestation touchant le
sens qui se pourroit donner à
leurs paroles : Il nous suffit de
faire voir clairement, que leur
Traduction estant en plusieurs
lieux differente de la Vulgate,
ceux qui la lisent, ne sont point
assurez

assurez de lire la vraye parole de
Dieu, & même s'exposent au
danger d'embrasser des erreurs en
pensant croire des veritez.

IX.

Servi estis ejus cui obeditis,
sive peccati ad mortem,
sive obeditionis ad justi-
tiam, *Rom. 6. V. 16.*

*Vous êtes esclaves de celuy à
qui vous obeissez, soit du peché pour la mort, soit de l'o-
beissance pour la justice.*

TRADUCTION DE MONS.

*Vous demeurez esclaves de celuy
à qui vous obeissez, soit du peché pour la mort, soit de la Loy
qui justifie ceux qui luy obeissent.*

EN verité peut-on dire, que ce
soit là une Traduction fidelle?
n'est-ce

n'eſt-ce pas plutôt une paraphra-
ſe que les diſciples de Calvin re-
cevront facilement pour appuyer
leur erreur touchant la Foy, par
laquelle ſeule ils pretendent que
nous ſommes juſtifiez.

Que s'il eût eſté permis d'ajoûter quelque choſe aux paroles de
l'Ecriture, il eût fallu les expliquer de l'obeïſſance aux com-
mandemens de Dieu qui eſt la
cauſe de nôtre juſtification, &
non pas de l'obeïſſance que l'on
rendroit ſeulement à la Foy.

X.

Sto ad oſtium, & pulſo,
ſi quis audierit vocem
meam, & aperuerit mihi
januam, intrabo ad illum,
& cœnabo cum illo, &
ipſe mecum. *Apocal.* 3.
ỿ. 20.

Ie me tiens à la porte & j'y frappe ; si quelqu'un entend ma voix & m'ouvre la porte, j'entreray chez luy, & je souperay avec luy, & luy avec moy.

TRADUCTION DE MONS.

Ie seray bien-tôt à la porte & je frapperay, si quelqu'un entend ma voix & m'ouvre la porte, j'entreray chez luy, & je souperay avec luy, & luy avec moy.

DE tous les passages de l'Ecriture sainte qui établissent la grace suffisante donnée à tous, il n'y en a point de plus exprés, ny dont les saints Peres & les Theologiens se servent plus souvent, que de celuy-cy. Et le plus ordinairement nous exprimons cette verité Catholique avec des termes qui marquent

C   quent

quent que nous faisons allusion à
ces paroles ; car nous disons, que
Dieu est à la porte de nôtre
cœur, qu'il y frappe, & qu'il y
entrera, pourvû que nous luy
voulions ouvrir.

C'est à peu prés en ces termes
que les Conciles de Sens & de
Cologne expliquent la Grace
suffisante contre les erreurs des
Heretiques modernes. Mais les
Traducteurs de Mons poussez de
quelque secrette aversion contre
cette grace suffisante qu'ils ne
veulent point recevoir, ont entierement changé le sens des paroles du Texte sacré, & les ont
tournées de telle maniere qu'ils
pretendent qu'on les doive entendre non pas de la grace par
laquelle Dieu touche nôtre cœur,
mais de l'heure de nôtre mort,
en laquelle Jesus - Christ
viendra pour nous juger.

Certainement quand il ne se
trouveroit en toute leur Traduction que cette seule infidelité,
elle

elle devroit suffire pour la rendre tres-suspecte au Lecteur.

X I.

Si cor nostrum non reprehenderit nos, fiduciam habemus ad Deum. 1. *Ioan.* 3. ℣. 21.

Si nôtre cœur ne nous fait aucun reproche, nous avons de la confiance devant Dieu.

TRADUCTION DE MONS.]

Si nôtre cœur ne nous condamne point, nous avons de l'assurance devant Dieu.

IL y a long-temps que l'on a reproché aux Traducteurs de Geneve d'avoir ôté le mot de *Confiance,* & substitué celuy *d'Assurance,* pour appuyer leur heresie, par laquelle ils soûtiennent que les Fidelles sont assurez de leur salut pour l'avenir, & pour le present de leur justice; & toutesfois cela n'a pas empéché que les Traducteurs de Mons ne les ayent suivis, & qu'ils n'ayent commis la même infidelité en leur Traduction.

XII.

Timeo ne corrumpantur sensus vestri, & excidant à simplicitate, quæ est in Christo. S. Paul. 2. Cor. 11. ℣. 3.

Ie crains que vos esprits ne se corrompent & ne déchéent de la simplicité qui est en JESUS-CHRIST.

TRADUCTION DE MONS.

I'apprehende que vos esprits ne se corrompent & ne degenerent de

POurquoy ajoûter ces mots, (*de la foy*) qui ne font point dans le Texte ? La fimplicité eft une vertu Chrêtienne, qui s'étend non feulement fur la Foy , mais auffi fur les intentions & fur plufieurs autres chofes ? Pourquoy donc determiner les paroles du faint Apôtre à la feule fimplicité de la Foy ? Certainement ce n'eft point agir dans la fimplicité de JESUS - CHRIST, que de traduire de la forte les paroles de l'Apôtre de JESUS-CHRIST.

XIII.

Dabo operam & frequenter habere vos poft obitum meum ut horum memoriam faciatis. 2. *Pet*. 1.

C 3   *J'auray*

J'auray soin de vous avoir sou-
vent aprés ma mort, afin
que vous vous remettiez en
memoire ces choses.

TRADUCTION DE MONS.

J'auray soin que même aprés mon
départ vous puissiez toûjours
vous remettre en memoire ces
choses.

SAint Chrysostome & plusieurs autres saints Peres & Do-cteurs, employent ce passage pour prouver l'intercession des Saints aprés leur mort. Les Heretiques modernes pour eluder cette veri-té l'ont tourné de la même façon qu'il se trouve dans la Tradu-ction de Mons; Ce qui est une tache dont les Auteurs auront peine de se laver. Car comment pourroient-ils se justifier d'avoir traduit ce passage autrement qu'il n'est dans la Vulgate, & l'avoir traduit comme les Heretiques

ont

ont fait pour couvrir & favoriser leur erreur.

XIV.

Ego carnalis sum, venunda-
datus sub peccato. *Rom.* 7.
℣. 14.

Ie suis charnel, vendu sous le peché.

TRADUCTION DE MONS.

Pour moy je suis charnel estant comme vendu pour estre assujet-ti au peché.

Ourquoy les Traducteurs ont ils ajoûté ces paroles, (*pour estre assujetti*) qui ne sont point dans le Texte sacré? ne voyoient-ils pas qu'ils donneroient lieu de penser que c'est pour insinuer dans l'esprit du Lecteur la necessité de pecher, où les Heretiques croyent que les hommes se trouvent lors qu'ils n'ont pas la grace efficace.

XV.

Omnis qui audivit à Patre & didicit, venit ad me.
Ioan. 6. ℣. 45.

Quiconque a ouy la voix du Pere, & a appris de luy, il vient à moy.

TRADUCTION DE MONS.

Quiconque donc a ouy la voix du Pere & a esté enseigné de luy, vient à moy.

IL y a bien de la difference entre *estre enseigné* & *avoir appris*. Les Maîtres enseignent, & les Disciples apprennent, mais tous ceux qui sont enseignez n'apprennent pas toûjours ce qu'on leur enseigne. C'est pourquoy saint Chrysostome, expliquant

quant ce paſſage, dit fort bien,
qu'entre tous les hommes qui ſe-
ront enſeignez de Dieu, ceux-
là ſeulement iront à luy qui ap-
prendront ſes divines Leçons.

A quel deſſein donc les Traducteurs de Mons, ont-ils mis
un mot pour un autre? on laiſſe
au Lecteur la liberté d'en juger:
Mais on l'avertit de prendre garde que s'il eſtoit vray que tous
ceux qui ſont enſeignez, c'eſt à
dire, qui ſont éclairez de la lumiere de la grace vont à Dieu,
il s'enſuivroit que jamais on ne
reſiſteroit à la Grace & qu'elle
auroit toûjours l'effet pour lequel
elle ſeroit donnée; ce qui eſt une
erreur condamnée de l'Egliſe.

X V I.

Abundantius illis omnibus
laboravi, Non ego, ſed
gratia Dei mecum. 1. *Cor.*
15. ℣. 10.

                     l'ay

*I'ay travaillé plus que tous les
autres, non pas moy, mais la
grace de Dieu avec moy.*

Traduction de Mons.

*I'ay travaillé plusque tous les au-
tres, non pas moy toutefois, mais
la grace de Dieu qui est avec
moy.*

SAint Paul, disant que ce n'est
pas luy, mais la grace de Dieu
avec luy qui avoit produit le
bien qu'il avoit fait, donne évi-
demment à connoître le con-
cours de la liberté de l'homme
avec la grace de Dieu. Mais les
Traducteurs de Mons en ajoûtant ce qui n'est point dans la
Vulgate, semblent donner tout
à la grace, & ne laisser à la volonté humaine sinon la necessité
d'agir que la grace luy impo-
seroit.

XVII.

XVII.

In terra pax hominibus bonæ voluntatis. *Luc.* 2. ℣. 14.

*Paix sur la terre, aux hommes
de bonne volonté.*

TRADUCTION DE MONS.

*Paix sur la terre, aux hommes
cheris de Dieu.*

IL n'est pas question de faire
un commentaire, pour mon-
trer que le sens de cette Traduction est orthodoxe : Il s'agit
de sçavoir, si elle est fidelle & si
elle est conforme à la Vulgate.

Pour peu qu'on entende le Latine, on peut connoître que (*hominibus bonæ voluntatis*) signifie
aux hommes de bonne volonté,
quel inconvenient donc y avoit-
il de la traduire fidellement &
simplement de la sorte ? Pourquoy mettre *aux hommes cheris
de*

de Dieu? Outre que cette Traduction n'est point conforme à la Vulgate, elle donne sujet de douter qu'il y a quelque mystere caché dans ces paroles, qu'il ne seroit pas difficile de développer : mais nôtre dessein n'est pas de traiter icy de ces mysteres : Il suffit d'avoir fait voir en ce passage aussi bien qu'en plusieurs autres, que la Traduction de Mons n'est point conforme à la Vulgate , & partant qu'on n'est point assuré en la lisant de lire la vraye parole de Dieu.

XVIII.

Ut quid enim Christus cum adhuc infirmi essemus, secundum tempus, pro impiis mortuus est. *Rom.* 5. ℣. 6.

Car pourquoy Jesus - Christ *lors que nous étions encor infirmes*

firmes, est - il mort pour les impies, dans le temps destiné.

TRADUCTION DE MONS.

Car pourquoy JESUS-CHRIST *est-il mort dans le temps desti-né de Dieu pour des méchans & impies (comme nous qui étions encore dans les langueurs du peché.)*

LEs Traducteurs de Mons en ajoûtant ces paroles , qui ne font point dans le Texte sacré donnent sujet de croire qu'ils veulent restraindre le fruit de la mort de JESUS-CHRIST aux seuls pecheurs qui se convertis-sent ; & insinuer qu'il n'est pas mort pour le salut de tous les hommes, qui est une erreur con-damnée de l'Eglise. Pour ne point tomber dans ce blâme & pour donner une Traduction fidelle, ils devoient simplement mettre le mot, (d'impies) comme fait saint Paul sans y ajoûter *(comme nous qui*

qui étions dans les langueurs du
peché.)

XIX.

Existimo me nihil minus fe-
cisse à magnis Apostolis.
2. Cor. 11. ℣. 5.

Ie ne pense pas avoir rien fait
de moins que les grands Apô-
tres.

TRADUCTION DE MONS.

Ie ne pense pas avoir esté inferieur
en rien aux plus grands Apô-
tres.

LA Traduction de Mons en cet
article aussi bien qu'en plusieurs autres, outre le peu de fidelité qui s'y rencontre, & que l'on
découvre manifestement, se trouve encore estre conforme à la Traduction de Geneve.

Les Heretiques modernes ennemis

nemis de la Primauté de S. Pierre ont tâché de la supprimer en
falsifiant ce passage. Il faut cha-
ritablement croire que les Traducteurs de Mons n'ont pas eu
un si mauvais dessein, & qu'ils
sont tombez dans cette faute sans
y avoir pensé, comme ils devoient. Mais cependant elle ne
laisseroit pas d'estre fort prejudi-
ciable aux Lecteurs de leur Traduction, s'ils n'en estoient avertis.

XX.

Adimpleo ea quæ desunt pas-
sionum Christi in carne
mea, pro corpore ejus quod
est Ecclesia. *Coloss.* 1. y. 24.

*J'accomplis en ma chair ce qui
manque aux souffrances de
JESUS-CHRIST, pour son
Corps qui est l'Eglise.*

TRADU

TRADVCTION DE MONS.

*J'accomplis en ma chair ce qui re-
ste à souffrir à JESUS - CHRIST;
en souffrant moy - méme pour
son Corps qui est l'Eglise.*

LEs Traducteurs de Mons sont
encore tombez icy dans ce
malheur, d'avoir quitté les paroles du Texte sacré pour suivre la
Traduction de Geneve ; car les
Heretiques au lieu de dire (*ce qui
manque aux souffrance de* JESUS-
CHRIST) ont mis dans leur Bible imprimée à Geneve (*ce qui
reste à souffrir à* JESUS-CHRIST)
ce qu'ils ont fait pour affoiblir &
rendre inutile la preuve que les
Docteurs Catholiques tirent de
ce passage pour la verité que l'E-
glise enseigne touchant la necessité des œuvres satisfactoires.
Car bien que nôtre Seigneur
JESUS - CHRIST ait tres - pleine-
ment & tres - abondamment sa-
tisfait pour nos pechez à la Justice

ce divine, autant qu'il eſtoit re-
quis de ſa part : neanmoins ſi les
pecheurs ne travaillent auſſi de
leur côté en produiſant des fruits
dignes de penitence, & en fai-
ſant des œuvres ſatisfactoires, il
eſt vray de dire qu'il leur manque
quelque choſe pour obtenir le ſalut eternel.

X X I.

Non poſuit nos Deus in iram,
ſed in acquiſitionem ſalu-
tis, per Dominum noſtrum
Jeſum Chriſtum, qui mor-
tuus eſt pro nobis. 1. *Theſſ.*
5. ℣. 9.

Dieu ne nous a pas mis pour
eſtre des objets de ſa colere,
mais pour nous faire acquerir
le ſalut par nôtre Seigneur
JESUS-CHRIST *qui eſt mort*
pour nous.

TRADU

TRADUCTION DE MONS.

Dieu ne nous a pas choisis pour estre des objets de sa colere, mais pour nous faire acquerir le salut par nôtre Seigneur JESUS-CHRIST *qui est mort pour nous.*

CE passage de saint Paul est assez formel pour donner à connoître que JESUS-CHRIST est mort pour le salut de tous les hommes ; & neanmoins les Traducteurs de Mons n'ont pas pris garde qu'ils luy ôtoient toute sa force par le changement d'un mot, car au lieu de dire conformement au Texte sacré, (*Dieu ne nous a pas mis, pour estre des des objets de sa colere,* &c.) Ils ont traduit, (*Dieu ne nous a pas choisis pour estre les objets de sa colere,* &c.) reduisant ainsi le fruit de la mort du Fils de Dieu aux seuls Elûs ; car qui dit, *choisir,* dit, laisser les uns & prendre les

les autres ; d'où il s'enſuivroit
que l'intention de Jesus-Christ
mourant, qui a eſté generale pour
le ſalut de tous les hommes, comme l'Egliſe le croit, ſe trouveroit
reſtrainte par les Traducteurs de
Mons aux ſeules perſonnes qu'il
a choiſies, c'eſt à dire, aux ſeuls
predeſtinez.

XXII.

Aperiens Petrus os ſuum dixit, in veritate comperi,
quia non eſt perſonarum
acceptor. *Actor.*10.

*Alors Pierre ouvrant ſa bou-
che, dit, en verité j'ay reconnu que Dieu n'a point
d'acception des perſonnes.*

TRADUCTION DE MONS.

*Alors Pierre prenant la parole,
dit, j'ay reconnu qu'il eſt veri-
table*

table que Dieu n'a point d'é-
gard aux diverses conditions
des personnes.

Non enim est acceptio per-
sonarum apud Deum.
Rom. 2.

Car Dieu n'a point d'acception
des personnes.

Traduction de Mons.

Car Dieu n'a point d'égard à la
qualité des personnes.

IL y a grande difference entre
(*entre n'avoir point d'acception*
des personnes,) & (*n'avoir point*
d'égard à la qualité, ny aux di-
verses conditions des personnes ;)
car selon la doctrine de Calvin,
qui soûtient la reprobation ab-
soluë & positive, Dieu n'a point
d'égard aux conditions, ny aux
qualitez des personnes, puisqu'il
en sauve & qu'il en damne de
toute

toute sorte de qualitez & de condition, & toutesfois, selon la doctrine du même Calvin, Dieu fait acception des personnes ; puisqu'il veut sauver celuy-cy, & damner celuy là, precisement par sa pure volonté, & sans avoir égard à leurs merites & demerites.

C'est aussi la raison pour laquelle les Sectateurs du même Calvin se voyant pressez du témoignage que ces deux saints Apôtres, dont nous avons rapporté les paroles, rendent du contraire, ont jugé à propos de les falsifier, dans la Traduction de leur Bible imprimée à Geneve ; car au lieu de traduire conformement au Texte sacré, *que Dieu n'a point d'acception des personnes*, ils ont mis, *que Dieu n'a point d'égard à l'apparence des personnes.*

Il faut avoüer, que c'est un malheur pour les Traducteurs de Mons, que leur Traduction se trouve symbolizer si souvent avec celle de Geneve.

XXIII.

XXIII.

Homo peccati, filius perdi-
tionis. *2. Theſſal.* 2.

*L'homme de peché, l'enfant de
perdition.*

TRADUCTION DE MONS.

*L'homme de peché, deſtiné à perir
miſerablement.*

DAns la Bible de Geneve traduite en François, on a ſim-
plement mis (*fils de perdition*)
mais on a ajoûté à la marge
(*deſtiné à eſtre perdu*) pour donner à ce paſſage un ſens conforme à leur doctrine heretique,
c'eſt à ſçavoir, que l'Ante-Chriſt,
dont l'Apôtre parle eſt un homme deſtiné à perir ; & que Dieu
le fera naître exprés pour le damner eternellement.

Nous

Nous n'avons aucun dessein
d'insulter contre les Traducteurs
de Mons ; mais il n'y a pas lieu
de dissimuler la faute qu'ils ont
commise ; en inserant dans le
Texte sacré, ce que les Heretiques par respect à la parole de
Dieu, n'avoient mis qu'à la marge ; ayant ainsi fait d'une anno-
tation de Geneve, le Texte de
l'Ecriture.

XXIV.

Pervenit enim ira Dei su-
per illos usque in finem.
1. *Thess.* 2.

*Car la colere de Dieu s'est ré-
pandue sur eux jusques à
la fin.*

TRADUCTION DE MONS.

*Car la colere de Dieu est tombée
sur eux, pour les accabler jusques à la fin.*

Les

LEs Traducteurs de Mons ont ajoûté ces paroles (*pour les accabler*) qui ne font point dans le Texte facré, mais ils n'ont pas pris garde qu'en faifant cette addition aux paroles de l'Ecriture, ils infinuoient une doctrine horrible contre la bonté de Dieu, comme s'il avoit un deffein pofitif de damner quelques hommes, & une volonté de les accabler, en forte qu'ils ne puiffent fe relever de leurs pechez par la penitence.

XXV.

Verbum Dei, qui operatur in vobis. 1. *Theffal.* 2.

La parole de Dieu qui opere en vous.

TRADUCTION DE MONS.

La parole de Dieu qui agit effi-cacement en vous.

Secun

Secundum virtutem quæ
operatur in nobis, *Ephes.*3.

*Selon la puissance qui opere en
nous.*

TRADUCTION DE MONS.

*Par la puissance qui agit en nous
avec efficace.*

LE saint Apôtre parle en ces
deux passages de la grace,
& les Traducteurs ajoûtant le
mot, *d'efficace*, donnent sujet de
penser qu'ils ont dessein d'anean-
tir la grace suffisante, & de faire
croire que toute grace est efficace; c'est à dire qu'elle emporte
toûjours l'effet pour lequel elle
est donnée, ce qui est une heresie condamnée par l'Eglise.

XXVI.

Quod notum est Dei, mani-
festum est in illis; Deus

enim illis manifestavit.
Rom. 1. ⅟. 19.

Ce qui peut-estre connu de Dieu, leur a esté découvert, car Dieu le leur a fait connoître.

TRADUCTION DE MONS.

Ils ont connu ce qui se peut découvrir de Dieu, par les Creatures, Dieu même le leur ayant fait connoître.

SAint Chrysostome sur ce passage dit, que la connoissance de Dieu que les Payens ont eüe, & dont l'Apôtre parle, n'a pas esté l'effet d'une grace purement exterieure, mais d'une lumiere interieure que Dieu leur a donnée, qui n'a toutefois esté qu'une grace suffisante, puis qu'ils y ont resisté, & qu'ils n'ont pas glorifié Dieu, comme saint Paul leur reproche. C'est pourquoy les Traducteurs de Mons ont

commis

commis une double faute, l'une d'avoir ajoûté au Texte sacré ces paroles, (*par les Creatures*) qui ne sont ny dans la Vulgate, ny dans le Grec. L'autre d'avoir par cette addition voulu insinuer dans l'esprit des Lecteurs que les Payens n'ont point eu de graces interieures, mais qu'ils n'ont eu que des graces purement exterieures, avec lesquelles seules, il leur estoit impossible de se convertir.

XXVII.

Æmulantur vos non benè; sed excludere vos volunt, ut illos æmulemini : bonum autem æmulamini in bono semper, & non tantum cùm præsens sum apud vos. *Galat.* 4.

Ils ont pour vous un zele qui n'est bon; mais ils veulent

vous éloigner de vous, afin
que vous deveniez leurs imi-
tateurs. Mais soyez imita-
teurs des Bons dans les bon-
nes choses en tout temps, &
non seulement quand je suis
present parmy vous.

TRADUCTION DE MONS.

Ils s'attachent fortement à vous,
mais ce n'est pas d'une bonne
affection, puis qu'ils veulent
vous separer de nous, afin que
vous vous attachiez plus fortement à eux. Il est bon de
s'attacher d'affection aux personnes, quand c'est pour le
bien, & de les aimer en tout
temps; & de n'aimer pas seulement quand je suis present
parmy vous.

IL y a sujet de croire que les
Traducteurs de Mons, lorsqu'ils ont travaillé à la version
de ce passage avoient l'esprit pre-
occupé

occupé de quelque forte distra-
ction, qui les empéchoit de voir,
qu'outre l'infidelité notable qu'ils
y commettoient, ils emploioient
les paroles du faint Apôtre mal
traduites, pour eftablir une maxime tres pernicieufe, c'est à fça-
voir qu'il est bon de s'attacher
d'affection aux Directeurs, Con-
fefleurs, &c. Il n'est pas necef-
faire d'expliquer les grands in-
conveniens qui peuvent arriver,
& qui n'arrivent que trop fou-
vent d'une telle attache.

Voila une partie des remar-
ques qui ont esté faites fur cette
Traduction de Mons, qui donnent à connoître, que bien qu'on
vueille fe perfuader, que les Traducteurs n'ont eu aucun deffein
de falfifier l'Ecriture, ny d'induire à aucune erreur, ils ont
neantmoins commis plufieurs in-
fidelitez notables, en la Traduction de divers paffages : En forte que ceux qui lifent leur Traduction, non feulement ne peuvent

vent avoir aucune assurance qu'ils
lisent la vraye parole de Dieu,
mais même ils s'exposent au peril de consentir à plusieurs erreurs fort pernicieuses, en se per-
suadant qu'elles sont authorisées
par l'Ecriture.

Il arrivera peut-estre que ceux
qui ont entrepris de soûtenir, &
defendre cette Traduction , &
qui ont déja fait plusieurs inve-
ctives contre les Prelats qui l'ont
censurée, ne traitteront pas plus
favorablement l'Auteur de cet
Escrit , & pretendront l'accuser
de troubler la paix que le Roy
a procuré à l'Eglise dans son
Royaume ; Mais ils sont priez
de considerer que ceux-là ne trou-
blent pas cette paix qui se tiennent inviolablement soumis aux
ordres prescrits par l'Eglise, &
authorisez par sa Majesté,

Saint Augustin dit, que la paix
n'est autre chose, *que la tranquillité de l'ordre*. En sorte que
pour conserver la paix, il faut
se

se tenir avec tranquillité dans
l'ordre qui requiert suivant la doctrine du saint Apôtre, *que toute
Ame soit soumise aux Puissances
superieures.*

Le Roy authorisant ce que
plusieurs Prelats de son Royaume avoient fait, a defendu par
Arrest de son Conseil du 22. Novembre 1667. sa Majesté y estant,
de vendre, ou debiter la Traduction du Nouveau Testament en
François imprimée à Mons, ou
ailleurs en quelque part que ce
soit, sur peine de punition.

Le defunct Pape Clement IX.
conspirant avec sa Majesté pour
la paix de l'Eglise, & reconnois-
sant combien estoit juste la Cen-
sure de ces Prelats, a condamné
cette même Traduction, comme
temeraire & pernicieuse, par son
Bref du 20. Avril 1668.

Cela estant de la sorte, les personnes qui deposeront toute pas-
sion & propre interest, recon-
noîtront que ceux qui demeurent
soumis

ſoumis aux Arreſts donnez par le
Roy, aux Cenſures des Eveſques,
au jugement du Souverain Pon-
tife, ſe tiennent dans l'ordre, &
conſervent la paix ; Et au contraire, qu'il y a un juſte ſujet
de dire, que ſi la paix eſt trou-
blée, c'eſt par ceux-là qui ne veulent pas demeurer dans cette ſou-
miſſion, & qui avec mépris de
ce qui a eſté ordonné par leurs
legitimes Superieurs, s'obſtinent
à ſoûtenir & debiter un Livre
qu'ils ont condamné comme pernicieux, & dont ils ont defendu
le debit, & la lecture.

FIN.

APPROBATIONS.

JE souffigné Docteur en Theologie, & Doyen de la Faculté de Paris, certifie avoir veu, & attentivement leu un petit Livre, fous le titre *d'Avis importans & necessaires aux Personnes qui lisent les Traductions Françoises de la sainte Ecriture,* où nous avons vû la peine que l'Auteur de ce livret s'est donné à faire ces Avis, & particulierement lors qu'il est venu à la lecture de la version Françoise imprimée à Mons en Hainault ; laquelle impression nous doit estre suspecte: car nous ne croyons pas que les François qui ont tant d'imprimeries en France, soient allez à Mons, y faire imprimer cette Traduction, sans quelque mystere qui ne vaut rien ; & pour cela sans entrer en une plus grande discussion de cet ouvrage, j'approuve volontiers ce livre, bien que l'Auteur ne se soit pas nommé, pour témoigner qu'il n'est pas complice des defauts qui peuvent estre à cette Traduction imprimée à Mons, & que la concertation n'est pas passée; & encor bien que les simples du Peuple qui peuvent lire la sainte Ecriture, ne seront pas instruits de ce qu'ils doivent craindre de la fausseté de cette même version; nonobstant les difficultez que l'Auteur de ce petit livret s'efforce d'y ôter; Mais passant sur tout cela j'aprouve ce petit livre comme tres utile, à condition qu'on ajoûtera à la fin d'iceluy, ces paroles. Et pour avoir une parfaite assurance de la verité de la sainte Ecriture, qu'on lira traduite en François, ceux qui ne sont pas bien capables de l'entendre, s'adresseront aux Docteurs qui auront la conduite de leur conscience, pour sçavoir s'ils la peuvent lire, en faire expliquer les diffi-

cultez, & enfin les inftruire pour apprendre l'utilité qui leur peut arriver de leur
lecture. Fait à Neufville, ce 10. Novembre 1675.　　　ARROY.

IL eft de la derniere confequence que cêt
*Avis important & necéffaire aux Per-
fonnes qui lifent les Traductions Françoifes
des faintes Ecritures,* foit donné au plûtoft
au Public, afin que ces efprits particuliers
qui ont de la peine de deferer aux Cenfu-
res de l'Eglife foient convaincus, que cêt-
te bonne Mere éclairée & echaufée des lu-
mieres du S. Efprit ne defend rien à fes Enfans fans des raifons tres folides, & qu'en
même temps les ames foumifes, & bien in-
tentionnées ne foient plus en danger de
tomber dans l'erreur en lifant les Traductions de la fainte Ecriture, faute d'un bon
avertiffement. A Lyon dans le Convent de
nôtre Dame de Confort, ce 6. Novembre
1675. F. PAUL LANDRY, *de l'Ordre
des Freres Prefcheurs.*

PERMISSION.

VEu les Approbations des Docteurs,
concernant le livre intitulé *Avis importans & necéffaires aux perfonnes qui lifent les Traductions Françoifes des faintes
Ecritures, &c.* Je confens pour le Roy
qu'il foit permis à PIERRE GUILLIMIN
d'imprimer ledit livre, & que les defences
ordinaires luy foient accordées pour trois
années. A Lyon le 19. Novembre 1675.
　　　　　　VAGINAY.

VEu les Approbations du fieur Arroy
Docteur feculier de la Maifon de Sor-
bonne, & celle du R. P. Landry, foit fait
fuivant les conclufions du Procureur du
Roy, les an & jour cy-deffus.
　　　　　　DE SEVE.